EDIT DV ROY,

PORTANT SVPPRESSION des Offices de Gardes des Regiſtres de la Chancellerie de France, du Conſeil Priué, du Conſeil General des Finances, Conſeil d'Eſtat & deſdites Finances, & du Controolleur des Expeditions dudit Conſeil, creé par Edit du mois de Mars 1631. & creation au lieu d'iceux de quatre Offices de Controolleurs des actes & expeditions du Conſeil d'Eſtat, Finances, & Direction & Gardes des Regiſtres deſdites expeditions, pour eſtre exercez par quartiers.

Publié en la grande Chancellerie de Frãce le 29. Mars 1639. Et verifié en la Chambre des Comptes le 23. May audit an.

A PARIS,

Par PIERRE ROCOLET, Imp. & Libraire ordinaire du Roy.

Au Palais, en la gallerie des Priſonniers, aux Armes du Roy & de la Ville.

M.DC.XXXIX.

Auec priuilege de ſa Majeſté.

OVIS par la grace de Dieu, Roy de France & de Nauarre : A tous presens & aduenir, salut. Par trois nos Edits du mois de Mars mil six cens trente-vn , publiez au Sceau, regiftrez és Regiftres de l'Audience de la Chancellerie,& en noftre Chambre des Comptes de Paris, pour tres-grandes & importantes confiderations : Nous aurions par l'vn d'iceux creé & erigé en titre d'Office formez, deux nos Confeillers Controolleurs, Garde des Regiftres de tous les Titres, Arrefts , Expeditions , tant de noftre Chancellerie que Confeil d'Eftat & des Finances, & Controolle general d'icelles, aux gages de deux mil liures chacun. Par vn autre auffi creé deux autres Offices de nos Confeillers Controolleurs, Gardes des Regiftres, des Arrefts, & Expeditions de noftre Confeil priué, & des parties auffi aux gages de quinze cens liures chacun, pour tenir & exercer tous lefdits Offices alternatiuement par chacun an , ou de fix en fix

mois par ceux qui en feroient par nous
pourueus. Et estre lesdits Registres
deüement collationnez & signez des
Controolleurs generaux de nosdites
Finances, Secretaires de nostre Confeil, Audianciers & Controolleurs de
nostre-dite Chancellerie, & Greffier
de nostre Conseil priué, & des parties
mis par eux ou leurs Commis ez mains
& en la possession des pourueus desdits
Offices de nos Conseillers, Controolleurs, Gardes des Regiltres, sçauoir,
ceux de nosdits Conseils d'Estat & Finances, priué & des Parties trois mois
apres chacun quartier expiré & ceux de
nostre-dite Chancellerie & Controolle
general des Finances annuellement &
trois mois apres l'an expiré, dont il seroit retiré certification signée desdits
Controolleurs & Gardes, lesquels les
mettroient & deposeroient à l'instant
par vn bon ordre ez Armoires & Ar-
chiues que nous ferions construire en la
Chambre qui seroit par nous destinée
à cét effect en nostre Chasteau du Lou-
ure, dont il auroient la clef, auec faculté
ausdits Conseillers Controolleurs,

Gardes des Regiſtres de noſtre Chancellerie, Conſeil d'Eſtat & des Finances, & Controlle general d'icelles de
controller & tenir regiſtres de tous les
Contracts des ventes & alienations de
noſtredit Domaine & droicts hereditaires de quelque nature qu'ils ſoient,
& attribution de trois liures pour chacun Contract qui leur ſeroient payez
par les Acquereurs deſdits Domaines &
droicts, & aux honneurs, prerogatiues,
preéminences, franchiſes, libertez,
exemptions & priuileges, attribuez à
nos Officiers domeſtiques & Commen-
çaux, au corps deſquels nous les auons
ioincts & adiouſtez, & outre que les
pourueus ſeroient tenus de faire ſer-
ment és mains de nos Chancelliers ou
Gardes de nos Sceaux de vacquer dili-
gemment à leurs Offices, & ne com-
muniquer ou dóner aucune coppie deſdits Titres & papiers ſans ordre de noſ-
dits Conſeils, ſi ce n'eſt des Arreſts d'i-
ceux, deſquels ils pourront deliurer
moyennant ſalaire raiſonnable des Extraicts en papier apres l'an de la datte
d'iceux; ſans neantmoins qu'ils puiſſent

eftre executoires : mais feulement pour
y eftre adioufté foy, & ceux aufquels ils
feront deliurez, & quil ne pourront ref-
pondre à leurs charges ailleurs qu'en
nofdits Confeils. Et par le troifiefme
defdits Edits nous aurions auffi creé &
erigé entre autres Offices vn Controolleur des Extraicts & groffes de tous les
Arrefts & autres Actes & Expeditions,
fans aucune exception qui fe feroient &
deliureroient en noftredit Confeil d'E-
ftat & des Finances, aux gages de mil
liures par an, auec attribution du tiers
des droicts dont iouïffent les Secraitai-
res de noftre-dit Confeil d'Eftat & des
Finances, & aux mefmes honneurs,
priuileges, franchifes, immunitez &
exemptions qui ont efté octroyez à nofdits Secretaires, à prendre tous lefdits
gages reuenans enfemble à huict mil liures par an fur l'émolument de l'augmentation que nous auons mife fur le
Sceau. Par autre Edit du mefme mois
de Mars mil fix cens trente-vn, defquels Offices trois des Secretaires de
noftre-dit Confeil auroient efté pour-
ucus, fans que depuis ils en ayent faict

aucune function, pour n'auoir esté nostre intention suffisamment explicquée
par lesdits Edits. Et d'autant qu'il im-
porte au bien de nos affaires que ladite
function soit reduitte & reglée en sorte,
qu'elle se puisse bien & deüement faire
& observer, & ce faisant qu'il soit exactement tenu registre de tous les Reglemens, Edits, Arrests, Traictez, Baux à
ferme, Estats & autres Actes & expeditions ordonnez & déterminez en nos
Conseils d'Estat, direction & Finances,
ensemble de tous les Contracts de ventes, & alienations qui se font en consequence de nosdits Edicts, Declarations
& Arrests, afin que les principaux Officiers de nostre-dit Conseil en puisse re-
ceuoir du soulagement, & à toutes oc-
currences en prendre communication,
au moyen dequoy ils pourront promp-
tement cognoistre les affaires dont ils
voudront estre esclaircis. Nous auons
creu que supprimant tous lesdits cinq
Offices, & au lieu d'iceux eriger & esta-
blir quatre nos Conseillers Controolleurs desdites expeditions & Gardes des
Registres d'icelles, pour les exercer par

quartier prés lefdits principaux Officiers de noftre Confeil : Au moyen dequoy celuy defdits Controolleurs qui
fera en quartier eftant toufiours pres de
noftre-dit Confeil auec lefdits Regiftres & Controolle , nofdits Officiers
principaux d'iceluy pourront en rece-
uoir le foulagement &fatisfaction qu'ils
en efperent pour le bien & vtilité de nos
affaires. A CES CAVSES, apres auoir
fait mettre cefte affaire en deliberation
en noftre-dit Confeil, où eftoient noftre tres-cher & vnique Frere le Duc
d'Orleans, aucuns Princes & Officiers
de noftre Couronne, & autres grands &
notables Perfonnages de noftredit Cô-
feil, DE L'ADVIS d'iceluy & de noftre
certaine fcience, pleine puiffance & au-
thorité royalle : Nous auons par le prefent Edict perpetuel & irreuocable, dit
ftatué & ordonné , difons ftatuons &
ordonnons, voulons & nous plaift, que
lefdits cinq Offices, fçauoir, deux nos
Confeillers Gardes des Regiftres de
tous les Titres, Arrefts & Expeditions
de nos Chancelleries & Confeils d'Eftat
& des Finances, & Controolle general
d'icelles

d'icelles : Les deux Conseillers Gardes des Regiftres de noftre-dit Confeil
priué & des parties, & celuy de noftre
Conseil Controolleur des Extraicts
& groffes, des Arrefts & Expeditions
de noftre-dit Confeil d'Eftat & des Fi-
náces, creés par trois nos Edits du mois
de Mars mil fix cens trente-vn, demeu-
rent efteints, fupprimez & reuoquez
comme nous les fupprimons & reuo-
quons, & au lieu d'iceux auons par ce
mefme prefent Edit, creé & erigé,
creons & erigeons en titre d'Office for-
mé, quatre Offices de nos Conseillers
Controolleurs des Actes, Arrefts, Traictez, Baux & autres Expeditions de nofdits Confeils d'Eftat, Direction & Finances & Gardes des Regiftres defdites
Expeditions, Reglemens, Edits, Titres & autres Actes ordonnez & deter-
minez en nofdits Confeils, enfemble
de tous les Contracts de ventes & alienations qui fe font en confequence de
nofdits Edits, Declarations & Arrefts,
pour eftre tenus & exercez par ceux qui
en feront pourueus chacun par quartier
ainfi que font les Secretaires de nofdits

B

Conseils d'Estat , Direction & Finances , & seront tenus de faire le controolle de toutes lesdites Expeditions de nos Conseils , & en tenir & garder exactement les Registres , ensemble des Contracts , des ventes & alienations de nostre Domaine , gages & droicts hereditaires , qui seront faites en consequence de nos Edits , Declarations & Arrests de nostre-dit Conseil , lesquels Registres seront gardez par celuy desdits Officiers en quartier , & par luy remis en sortant de quartier és mains de celuy qui y entrera , afin qu'estant pres desdits principaux Officiers de nostre dit Conseil ils puissent à toutes occurréces auoir cognoissance & esclaircissement de nos affaires. Voulons que lesdits Controolleurs Gardes ayent entrée en nosdits Conseils , & leur attribuons les mesmes honneurs , priuileges , franchises , immunitez & exemptions qui ont esté octroyées , & dont iouïssent nosdits Secretaires de nostre Conseil , & comme si le tout estoit cy particulieremét exprimé , auec quatre mil cinq cens liures de gages à chacun à prendre , sça-

uoir , deux mil liures fur l'émolument
de l'augmentation que nous auons mife
fur le Sceau par Edict du mois de Mars
mil fix cens trente-vn , & deux mil cinq
cens liures à prendre fur les deniers,
tant ordinaires qu'extraordinaires de
noftre Efpargne, defquels gages reuenât
enfemble pour les quatre Offices à dix-
huict mil liures , ils feront payez, fçauoir de huict mil liures fur le Sceau ,ainfi
& aux mefmes termes qu'ils eftoient
aux Officiers fupprimez par le prefent
Edict , & les dix mil liures reftant par
les Treforiers de noftre Epargne en la
mefme forme & maniere que les autres
gages des Officiers de noftre-dit Confeil , auec lefquels ils feront employez,
à commencer du premier iour du prefent mois de Ianuier : Et outre iouïront
lefdits Controolleurs Gardes prefentement creés chacun en leur quartier du
tiers des émolumés qui fe payeront aux
Secretaires de nofdits Confeils d'Eftat,
Direction & des Finances, pour les Arrefts , Commiffions, Baux à ferme, &
Traictez qui fe feront & deliureront, &
du droict de trois liures pour chacun

enregiſtrement & Controolle qu'ils feront des Contracts de ventes & aliena-tions de noſtredit Domaine, Droicts & Offices hereditaires de quelque nature qu'ils ſoient. Permettons auſdits Secretaires de noſtre Conſeil de leuer leſdits Offices de Controolleurs Gardes, ſe faire pouruoir d'iceux, & iouïr des gages, droicts & functions y attribuez, les ioindre & vnir à leurs charges ſi bon leur ſemble, ou les tenir par prouiſion ſeparez pour exercer leſdits Offices de Controolleurs Gardes par leſdits Secretaires de noſtre Conſeil chacun aux quartiers ſuiuans, ceux qu'ils auront déſeruis en leurs dites charges de Secretaires de noſtre Conſeil, & autrement en diſpoſer par leſdits Secretaires de noſtre Conſeil, conioinctement ou ſeparement comme ils aduiſeront bon eſtre. Voulons en outre & ordonnons au Treſorier de noſtre Epargne en exercice la preſente année, Maiſtre Gaſpard de Fieuber que des deniers qui prouiendront deſdits quatre Offices de Controolleurs Gardes preſentement creez, il rembourſe aux pourueus des cinq Of-

fices supprimez par le present Edict les
sommes qu'ils ont pour ce payées en nos
coffres , ensemble le marc-d'or payé
pour lesdits Offices : Assauoir, quinze
mil liures à chacun des pourueus desdits Offices de Gardes des Regiftres du
Conseil priue & des parties , & soixante
sept liures dix sols de marc-d'or payé
pour chacun desdites Offices , cinquan-
te mil liures à chacun desdits pourueus
desdits Offices de Gardes des Regiftres de tous les Titres , Arrefts & Expeditions de la Chancellerie , Conseil
d'Eftat & Controolle des Finances , &
cent soixante - huict liures quinze-sols
de marc-d'or payé pour chacun desdits
Offices , & soixante mil liures au pour-
ueu de l'Office de Côtrolleur des Actes
& Expeditions de noftre-dit Conseil
d'Eftat & Finance , & deux cens deux
liures dix-sols de marc-d'or payé pour
lesdits Offices, reuenant le tout ensemble à la somme de cent quatre - vingts
dix mil six cens soixante quinze liures,
à laquelle nous auons liquidé lesdites Finances & marc-d'or, & rapportant par
ledit Treforier de noftre Epargne les

prouifions & quittances de Finance &
marc-d'or defdits Offices, fupprimez
auec les quittances de rembourcement
defdits pourueus, ladite fomme de cent
quatre-vingts dix mil fix cens foixante
quinze liures luy fera paffée & allouée
en la defpence de ces Eftats & comptes
fans difficulté: Et feront lefdits Control-
leurs Gardes prefentement creez receus
au droiƈt annuel l'année prefente, &
les fuiuantes, en payant le foixantiefme
denier de l'eualuatió d'iceux qui en fera
faite en noftre-dit Confeil fans payer
aucun preft ny aduance. SI DONNONS
EN MANDEMENT à noftre tres-cher
& feal le fieur Seguier Cheualier Chan-
celier de France, de faire lire & publier
le prefent Ediƈt le Sceau tenant, & iceluy regiftrer és Regiftres de l'Audience de la grande Chancellerie de France,
& à nos Amez & feaux Confeillers les
gens de nos Comptes à Paris, de le faire
pareillement regiftrer, & du contenu
en iceluy, iouïr & vfer plainement &
paifiblement les pourueus defdits Offices, fans permettre qu'ils y foient trou-
blez ny empefchez en aucune maniere,

& nonobſtāt oppoſitions quelconques,
pour leſquels ne voulons eſtre differé.
Et dont ſi aucunes interuiennent, nous
nous en reſeruons la cognoiſſance en
noſtre Conſeil , & icelle interdiſons à
toutes nos Cours & Iuges. C A R tel eſt
noſtre plaiſir : & afin que ce ſoit choſe
ferme & ſtable à touſiours , nous auons
fait mettre noſtre Seel à ces preſentes.
D O N N E' à ſainct Germain en Laye,
au mois de Ianuier ,l'an de grace mil ſix
cens trente-neuf, & de noſtre regne le
vingt neufuieſme. Signé, L O V I S.
Et plus bas, Par le Roy, D E L O M E N I E
à coſté , *Viſa.* Et ſeellé du grand ſceau de
cire verde , en lacqs de ſoye rouge &
verde. Et à coſté ,

Leu & publié , le Sceau tenant de
l'ordonnance de Monſeigneur Seguier,
Cheualier, Chancellier de France , moy
Conſeiller du Roy en ſes Conſeils , &
Grand Audiencier de France , preſent:
& regiſtrées ez Regiſtres de l'Audiance
de France à Paris , le vingt - neufieſme

iour de Mars mil six cens trente-neuf.
Signé, COMBES.

Leu, publié & regiftré en la Cham-
bre des Comptes, ouy ce confentant le
Procureur general du Roy, pour auoir
lieu & eftre executé aux charges, &
ainfi qu'il eft contenu en l'Arreft fur ce
fait, les Bureaux affemblez le vingt-troi-
fiefme iour de May mil six cens trente-
neuf. *Signé,* BOVRLON.

Collationné à l'original par moy Confeiller
Secretaire du Roy & de fes Finances.